Planète Terre

LES ANIMAUX DE LA FORÊT TROPICALE

Tracey West

Texte français d'Isabelle Allard

Éditions
SCHOLASTIC

Crédits photographiques

Page couverture : (avant-plan) Chris Hill/Shutterstock; (arrière-plan) Huw Cordey. Quatrième de couverture : BBC Planet Earth/Ben Osborne; Thomas Mangelsen/Minden Pictures.

Page 1 : Ferenc Cegledi/Shutterstock. Page 3 : Steve Winter/National Geographic Image Collection. Pages 4-5 : (photo principale) szefei/Shutterstock. Page 4 : (en médaillon, de haut en bas) Siloto/Shutterstock; Edward Parker/Alamy. Page 5 : (en médaillon, de haut en bas) Jonny McCullagh/Shutterstock; Paul Souders/Corbis. Pages 6-7 : Huw Cordey. Pages 8-9 : (photo principale) Huw Cordey. Page 8 : (en médaillon, de haut en bas) Seapics.com; Thomas Mangelsen/Minden Pictures; Pete Oxford/Minden Pictures. Page 9 : (en médaillon, de haut en bas) Michael Nichols/National Geographic Image Collection; iamtheking33/Fotolia. Pages 10-11 : (photo principale) Andrea Florence/ardea.com; (en haut) National Geographic/Getty Images. Page 10 : (en médaillon, en haut) Sea World of California/Corbis; (en médaillon, en bas à gauche) BBC Planet Earth; (en médaillon, en bas à droite) H. Reinhard/Peter Arnold Inc. Page 11 : (en médaillon, de haut en bas) Flip Nicklin/Minden Pictures; Seapics.com. Pages 12-13 : (photo principale) Arco Images GmbH/Alamy. Page 12 : (en médaillon) Hippocampus Bildarchiv. Page 13 : (en haut) Blickwinkel/Alamy. Pages 14-15 : (photo principale) SA Team/Foto Natura/Minden Pictures; (en haut) Laurance B. Aiuppy/Getty Images. Page 15 : (en médaillon, de haut en bas) Silvestre Silva/FLPA/Photo Researchers, Inc.; Edward Parker/Alamy. Pages 16-17 : (photo principale) Tom Brakefield/Getty Images. Page 17 : (en médaillon, de haut en bas) James Warwick/Getty Images; Thomas Mangelsen/Minden Pictures. Pages 18-19 : (photo principale) Michael & Patricia Fogden/Minden Pictures. Page 19 : (en médaillon) Blickwinkel/Alamy. Pages 20-21 : (photo principale) Gerard Lacz/Peter Arnold Inc. Page 20 : (en médaillon) Nicholas Parfitt/Getty Images. Pages 22-23 : (photo principale) Gerry Ellis/Minden Pictures; (en haut) VisionsofAmerica/Joe Sohm/Getty Images. Page 22 : (en médaillon, de haut en bas) Steve Winter/National Geographic Image Collection; Pete Oxford/Minden Pictures. Pages 24-25 : (photo principale) Joe McDonald/Corbis. Page 24 : (en médaillon) Joe McDonald/Corbis. Page 25 : (en médaillon en haut, de gauche à droite) Kevin Schafer/Corbis; Luiz C. Marigo/Peter Arnold Inc.; (en médaillon, en bas) Pete Oxford/naturepl.com. Pages 26-27 : (photo principale) Paul Souders/Corbis; (en haut) Jeremy Horner/Getty Images. Page 27 : (en médaillon, de haut en bas) Mike Birkhead/OSF/Photo Library; Michael Nichols/National Geographic Image Collection. Pages 28-29 : (photo principale) Nick Garbutt/naturepl.com. Page 28 : (en médaillon) Theo Allofs/Corbis. Page 29 : (en médaillon, au centre) Pete Oxford/Minden Pictures; (en médaillon à droite, de haut en bas) Luciano Candisani/Minden Pictures; Roy Toft/National Geographic Image Collection. Pages 30-31 : (photo principale) M. Watson/ardea.com. Page 30 : (en médaillon) M. Watson/ardea.com. Page 31 : (en médaillon au centre) Cyril Ruoso/Minden Pictures; (en médaillon à droite, de haut en bas) WILDLIFE/Peter Arnold Inc.; Adrienne Gibson/Animals Animals. Pages 32-33 : (photo principale) Michael & Patricia Fogden/Minden Pictures. Page 32 : (en médaillon, de gauche à droite) Steve Kaufman/CORBIS; Dr Rudolf G. Arndt/Visuals Unlimited. Page 33 : (en médaillon, de haut en bas) Flip De Nooyer/Minden Pictures; Ferenc Cegledi/Shutterstock. Pages 34-35 : (photo principale) Richard R. Hansen/Photo Researchers, Inc. Page 34 : (en médaillon, en haut) Erwin & Peggy Bauer/Animals Animals; (en médaillon, en bas à gauche) David Haring/OSF/Photo Library; (en médaillon, en bas à droite) Rod Williams/naturepl.com. Page 35 : (en médaillon) Gail Shumway/Getty Images. Pages 36-37 : (photo principale) Heidi & Hans-Juergen Koch/Minden Pictures. Page 37 : (en médaillon, de haut en bas) Tom Brakefield/DRK Photo; Joe McDonald/DRK Photo, Joe McDonald/DRK Photo. Pages 38-39 : (photo principale) Tui De Roy/Minden Pictures; (en haut) National Geographic/Getty Images. Page 39 : (en médaillon, de haut en bas) Pete Oxford/Minden Pictures; W. Perry Conway/CORBIS. Pages 40-41 : (photo principale) Michael Fogden/OSF/Photo Library. Page 40 : (en médaillon, de haut en bas) Connie Coleman/Getty Images; Dan Wood/istockphoto.com. Page 41 : (en médaillon) Barbara Tripp/Shutterstock. Pages 42-43 : (photo principale) Gunter Ziesler/Peter Arnold Inc. Page 42 : (en médaillon) Bullit Marquez/AP Photo. Page 43 : (en médaillon) WILDLIFE/Peter Arnold Inc. Pages 44-45 : (photo principale) Tim Laman/National Geographic Image. Page 44 : (en médaillon, de haut en bas) Phil Savoie/naturepl.com; J & C Sohns/Picture Press/Photo Library. Pages 46-47 : (en haut, de gauche à droite) NASA/bdh; Tom Hugh-Jones; DCI/Martin Kilmek/Discovery; BBC Planet Earth/Ben Osborne; NASA/bdh; BBC NHU; DCI/Ed Carreon; Ben Dilley; (en bas, de gauche à droite) NASA/bdh; Tom Hugh-Jones; Peter Scoones; BBC Planet Earth/Ben Osborne; BBC Planet Earth/Ben Osborne; NASA/bdh; Barrie Britton; BBC Planet Earth. Page 47 : (carte) Newscom. Page 48 : (en haut, de gauche à droite) NASA/bdh; Tom Hugh-Jones; DCI/Martin Kilmek/Discovery; BBC Planet Earth/Ben Osborne; (en bas, de gauche à droite) NASA/bdh; Tom Hugh-Jones; Peter Scoones; BBC NHU.

Catalogage avant publication de Bibliothèque et Archives Canada

West, Tracey, 1965-
Les animaux de la forêt tropicale / Tracey West ;
texte français d'Isabelle Allard.

(Planète Terre ; 2)
Traduction de: Amazing animals of the rainforest.
Pour les 9-12 ans.
ISBN 978-0-545-98202-3

1. Faune des forêts pluviales--Ouvrages pour la jeunesse.
I. Allard, Isabelle II. Titre. III. Collection: Planète Terre (Toronto, Ont.) ; 2

QL112.W4814 2009   j591.734   C2009-902701-1

BBC (mot-symbole et logo) est une marque de commerce
de British Broadcasting Corporation et est utilisée avec autorisation.

Édition publiée par les Éditions Scholastic, 604, rue King Ouest, Toronto (Ontario) M5V 1E1

5 4 3 2 1   Imprimé au Canada   9 10 11 12 13

Conception graphique de la couverture : Michael Massen
Conception graphique de l'intérieur : Michael Massen et Two Red Shoes design

Imprimé sur du papier contenant au minimu 30 % de fibres recyclées après consommation

Sources Mixtes
Cert no. SW-COC-001271
© 1996 FSC
FSC

Table des matières

Qu'est-ce qu'une forêt pluviale?

Une forêt pluviale, ou forêt ombrophile, est une forêt tropicale dense, généralement composée de grands arbres à feuillage persistant, et située dans une région à précipitations annuelles abondantes. Ce type de forêt abrite des millions de plantes et d'animaux. On y retrouve ces quatre éléments :

De la pluie :

Une forêt pluviale reçoit entre 165 et 250 cm de pluie par an, davantage que tout autre endroit de la planète.

Du soleil :

De nombreuses forêts pluviales sont situées dans des régions tropicales près de l'équateur. Le soleil y brille 12 heures par jour, ce qui favorise la croissance des plantes.

Des plantes :

Les forêts pluviales ne couvrent que 3 % de la superficie totale de la planète, mais abritent la moitié des plantes de la Terre. Les lianes, les fleurs et les arbres d'une forêt pluviale typique poussent si près les uns des autres que leur cime forme une voûte qui dissimule le ciel.

Des animaux :

Les biologistes estiment que plus de la moitié des animaux du monde vivent dans les forêts pluviales. D'innombrables espèces de poissons vivent dans les fleuves et les rivières qui constituent les artères des forêts pluviales.

Les types de forêts pluviales

Il existe cinq types de forêts pluviales tropicales dans le monde.

Les forêts tropicales de basse terre

Ce sont les plus grandes forêts pluviales du monde. Regroupées près de l'équateur, elles se caractérisent par une végétation dense composée de millions de plantes. Dans ces forêts, les arbres demeurent verts toute l'année.

Les forêts tropicales à feuillage caduc

Ces forêts sont situées dans des régions tropicales comme Jalisco, au Mexique, mais sont un peu plus éloignées de l'équateur que les forêts de basse terre. On y observe généralement une saison sèche qui dure quelques mois, entraînant la chute des feuilles de certains arbres.

Les forêts inondées

Dans certaines parties du monde, les fleuves et rivières à proximité des forêts pluviales les inondent une fois par an. C'est ce qui se produit dans le bassin amazonien, quand le fleuve Amazone sort de son lit. Pendant environ six mois, le sol de la forêt est submergé, et l'habitat se modifie. De nouvelles sources d'alimentation apparaissent, suscitant de nouveaux schémas de migration.

Les forêts pluviales de montagne

Aussi appelées forêts de la zone des brouillards, ces forêts se trouvent sur de hautes montagnes à divers endroits du monde. La température y est plus basse que dans les forêts de basse terre, mais ce sont des lieux très humides. Le taux d'humidité provenant du brouillard et des nuages est souvent de 100 %. Ce milieu est très favorable à la croissance des épiphytes, des plantes qui, comme les orchidées et la mousse, vivent sur d'autres plantes.

Les mangroves

Ces forêts particulières se trouvent à la frontière de la terre et de la mer. On peut en observer le long du littoral au sud de la Floride et en Asie du Sud-Est. Les arbres des mangroves croissent dans l'eau et leurs racines sortent de la vase pour absorber l'oxygène. Ce milieu unique constitue une aire de croissance sans danger pour les poissons, et abrite une grande variété d'oiseaux, de reptiles et de crustacés.

Les couches de la forêt pluviale

Une forêt pluviale se divise en plusieurs couches distinctes, chacune abritant différentes espèces d'animaux et de plantes. Ce livre regroupe et présente les animaux selon la couche où ils vivent dans la forêt pluviale.

L'eau

Il s'agit de la couche inférieure de la forêt inondée et de la mangrove. De nombreuses espèces vivant en eau douce, comme les dauphins de rivière, migrent vers ces forêts lorsque les cours d'eau débordent.

Le sol forestier

Il constitue la couche inférieure d'une forêt pluviale typique. Les arbres y sont très hauts, afin de recevoir le plus de soleil possible. C'est pourquoi une infime partie des rayons du soleil (environ 2 %) atteint cette couche. Le sol forestier sert d'habitat à de nombreux insectes, ainsi qu'à de gros animaux terrestres comme les gorilles et les éléphants.

Le sous-étage

Cette couche, aussi appelée couverture vivante ou sous-bois, se trouve au-dessus du sol, mais sous le feuillage des arbres. Comme le sol forestier, elle est fraîche et sombre. Les jaguars et les léopards y vivent parmi les branches des arbres.

La canopée

Cette couche, aussi appelée couvert forestier, est située entre la végétation du sous-étage et la couche émergente. On y trouve la plus grande biodiversité de la forêt pluviale. Les singes, les fourmiliers et les autres espèces qui y vivent grimpent au-dessus du sol pour éviter les prédateurs et cueillir des fruits.

La couche supérieure

La couronne des arbres émergents, les plus grands de la forêt, s'élève à plus de 60 mètres au-dessus de la canopée. Les aigles y nichent et les papillons s'y rassemblent.

LA PASTENAGUE D'EAU DOUCE OCELLÉE

ANATOMIE 101

- Les branchies sur le dessus de la tête permettent à la pastenague de respirer lorsqu'elle est partiellement enfouie dans le sable ou la vase.
- Le fait d'avoir une bouche sur le ventre peut sembler bizarre, mais c'est très pratique pour la pastenague. Elle peut déplacer son corps au-dessus de sa proie, puis l'aspirer!
- Ce poisson peut atteindre 1 m de longueur, de la tête à la queue.
- Sa queue n'est pas seulement pointue... elle est venimeuse! La pastenague utilise surtout son aiguillon pour se défendre.

POISSON

Espèce : *Potamotrygon motoro*

Aussi appelé : Raie d'eau douce d'Amérique du Sud

Poids moyen : 3,5 à 4,5 kilos

Taille moyenne : 45 cm de diamètre; jusqu'à 1 m de longueur

Habitat : le fleuve Amazone

Attention à son *aiguillon!* **Cette cousine du requin** n'a pas de dents, mais sa queue pointue est une **arme redoutable!**

Les dents triangulaires du piranha s'imbriquent les unes dans les autres et fonctionnent comme des lames de ciseaux.

Cette espèce de la forêt pluviale a les dents les plus *pointues* et les mâchoires les plus **puissantes** de tous les piranhas.

Au banc des accusés

Ces piranhas se déplacent en bancs et consomment principalement de petits poissons et des fruits. Toutefois, s'ils voient un gros animal malade ou vulnérable, ils peuvent rapidement le déchiqueter avec leurs longues dents.

LE PIRANHA À VENTRE ROUGE

POISSON

Espèce : *Pygocentrus nattereri*

Poids maximal : jusqu'à 3,5 kilos

Taille moyenne : 30 à 60 cm

Habitat : fleuves et rivières d'Amérique du Sud

Alimentation : autres poissons, insectes

Le tucuxi (qu'on prononce tou-cou-tchi) ressemble à un dauphin à gros nez, mais est beaucoup plus petit. Sa taille moyenne est de 1,2 mètre.

LE TUCUXI

Quand une forêt pluviale est inondée, ce dauphin *d'eau douce y migre à la recherche de nourriture.*

MAMMIFÈRE

Espèce : *Sotalia fluviatilis*

Aussi appelé : sotalie, dauphin de l'Amazone, dauphin d'eau douce

Poids moyen : 45 kilos

Taille moyenne : 1,2 à 1,5 m

Habitat : fleuves, rivières, baies et lacs d'Amérique du Sud

Alimentation : poissons

*Les gens pêchent cet animal dans les **fleuves** d'Amérique du Sud.*

LE DOURADO

En Argentine, ce poisson est aussi appelé « tigre du Paranà », d'après un fleuve qui traverse le pays. On le nomme ainsi parce qu'il se défend lorsqu'il est pris à l'hameçon par des pêcheurs.

POISSON

Espèce : *Salminus maxillosus*

Aussi appelé : damita, pirayu

Poids moyen : plus de 18 kilos

Taille moyenne : 1 m

Habitat : fleuves et rivières d'Argentine, du Brésil et de Bolivie

ANATOMIE 101

• Le mot dourado signifie « doré » en portugais. Ce poisson doit son nom à ses saisissantes écailles jaunes, orange et noires.

• Le plus gros dourado jamais pêché pesait 34 kilos.

• Ce poisson carnivore est muni de dents pointues qui lui permettent de dévorer de plus petits poissons.

LE CAÏMAN À LUNETTES

Ce membre de la famille des *alligators* passe la majeure partie de sa vie dans l'eau.

Vie de famille

Les femelles pondent leurs œufs dans des nids qu'elles construisent sur le sol. Quand les petits éclosent, ils se regroupent et demeurent ensemble jusqu'à l'âge d'un an et demi.

REPTILE

Espèce : *Caiman crocodilus*

Taille moyenne : 1 à 1,8 m

Habitat : fleuves, rivières, marécages et forêts pluviales d'Amérique du Sud et d'Amérique centrale

ANATOMIE 101

- La crête osseuse autour des yeux de ce caïman fait penser à des lunettes, d'où son nom.
- Sa longue queue musclée le propulse dans l'eau.
- Ses pattes palmées l'aident à nager.
- La plupart des caïmans peuvent mesurer de 2 à 2,4 m, mais certains atteignent jusqu'à 3 m.

L'AGOUTI PONCTUÉ

Ce *rongeur* contribue à préserver la *forêt pluviale.*

MAMMIFÈRE

Espèce : *Dasyprocta punctata*

Poids moyen : 1 à 4 kilos

Taille moyenne : 40 à 63 cm de long

Habitat : Amérique centrale, Amérique du Sud, est de la cordillère des Andes

ANATOMIE 101

- Ce rongeur agile peut mesurer jusqu'à 63 cm et peser jusqu'à 4 kilos.
- L'agouti peut ouvrir la coque dure des noix du Brésil à l'aide de ses dents pointues.
- Sa queue ne mesure que 2,5 cm.

Casse-noisette

Les noyers du Brésil dominent les forêts pluviales d'Amérique du Sud. Les noix se développent à l'intérieur de coques rigides similaires à des noix de coco. Les agoutis ne mangent pas seulement les noix du Brésil, mais aident également les arbres à se multiplier. De quelle manière? Ils enterrent des noix dans le sol afin de les manger plus tard. Mais comme il leur arrive d'en oublier, les noix enterrées produisent parfois des noyers du Brésil.

En présence d'un danger, l'agouti grogne, siffle et aboie pour avertir ses congénères.

L'Indonésie abritait autrefois trois sous-espèces de tigres : le tigre de Bali, le tigre de Java et le tigre de Sumatra. Aujourd'hui, les tigres de Java et de Bali n'existent plus, et le tigre de Sumatra est en voie de disparition.

MAMMIFÈRE

Espèce : *Tigris sumatrae*

Poids moyen : 120 kilos (mâles); 90 kilos (femelles)

Taille moyenne en longueur : 2,5 m (mâles); 2 m (femelles)

Habitat : uniquement dans l'île de Sumatra, en Indonésie

Alimentation : sangliers, cerfs, poissons, crocodiles, oiseaux

ANATOMIE 101

- La membrane entre ses doigts fait de ce félin un nageur rapide.

- Les taches blanches derrière ses oreilles ressemblent à des yeux. Ces « faux yeux » serviraient à tromper les prédateurs qui tenteraient de s'approcher furtivement par derrière.

- Ses longues moustaches agissent comme des capteurs tactiles pour l'aider à se déplacer dans la végétation dense du sol forestier.

- Le tigre de Sumatra a une vision de nuit six fois plus perçante que celle des humains.

- Son pelage roux et ses rayures noires rapprochées lui permettent de se camoufler dans la forêt.

Moins de **500** tigres de Sumatra vivent dans la forêt pluviale *de l'île indonésienne* de Sumatra.

LE TIGRE DE SUMATRA

LE TIGRE DU BENGALE

Ce *tigre* **erre** dans les *mangroves* de l'Inde et du **Bangladesh.**

Chasseur nocturne

Le tigre du Bengale chasse à l'affût durant la nuit. Ses proies de prédilection sont le cerf, le sanglier et le singe. Après les avoir traquées silencieusement, il les surprend en bondissant sur elles pour les tuer.

L e tigre du Bengale peut consommer jusqu'à 30 kilos de viande en une seule nuit.

MAMMIFÈRE

Espèce : *Panthera tigris*

Poids moyen : 225 kilos (mâles); 135 kilos (femelles)

Taille moyenne en longueur : 3 m (mâles); 2,7 m (femelles)

Habitat : mangroves de l'Inde et du Bangladesh

Alimentation : gaurs, buffles

Ces fourmis transforment les *feuilles* en **champignons** avant de les *consommer*.

Champignonnistes

Les fourmis parasol vivent dans des colonies souterraines comprenant 3 à 8 millions d'individus! Chaque fourmi a une tâche particulière.

Les récolteuses : Ces fourmis franchissent des kilomètres à la recherche de feuilles. Elles utilisent leurs mâchoires coupantes pour tailler les feuilles et les rapporter à la colonie.

Les jardinières : Comme les fourmis ne peuvent pas digérer les feuilles, les jardinières les transforment en champignons qu'elles peuvent consommer. Elles lèchent d'abord les feuilles pour les nettoyer, puis les broient en les mastiquant et les recouvrent d'excréments. Le champignon pousse alors sur ce support. Miam!

Les soldats : Ils protègent la colonie des attaques d'autres fourmis.

INSECTE

Espèce : *Atta cephalotes*

Aussi appelé : coupe-feuilles, fourmis de visite

Taille moyenne : environ 1,2 cm

Habitat : forêts pluviales tropicales et autres forêts d'Amérique centrale, d'Amérique du Sud et d'Amérique du Nord

LES FOURMIS
PARASOL

LA MYGALE GÉANTE

Quand la forêt pluviale est inondée, cette mygale grimpe aux arbres pour demeurer au sec.

Cette **énorme araignée** se nourrit principalement *d'insectes*, de rongeurs et de **grenouilles**.

ANATOMIE 101

- Cette mygale mesure 30 cm de large d'une patte à l'autre. C'est environ la taille d'une petite pizza!
- Ses pattes sont couvertes de minuscules poils piquants qu'elle peut projeter vers ses ennemis.
- Elle tue sa proie en lui injectant un venin mortel, mais inutile de s'inquiéter, car ce poison n'est pas assez puissant pour tuer un être humain.

INSECTE

Espèce : *Theraphosa blondi*

Aussi appelé : mygale de Leblond

Poids moyen d'un mâle adulte : 110 g

Taille moyenne d'un mâle adulte : environ 28 cm

Habitat : forêts pluviales de la côte nord-est de l'Amérique du Sud

MAMMIFÈRE

Espèce : *Loxodonta cyclotis*
Poids moyen : 1 600 à 3 200 kilos
Taille moyenne : 2,4 m
Habitat : forêts d'Afrique, près de l'équateur

ANATOMIE 101

- Ses défenses rectilignes risquent moins de se prendre dans les broussailles que les défenses recourbées des autres espèces d'éléphants.
- Lorsque cet éléphant a chaud, il peut agiter ses grandes oreilles pour se rafraîchir. Elles sont parcourues de vaisseaux sanguins qui dispersent la chaleur rapidement.
- Il est capable de se déplacer silencieusement dans la forêt grâce à ses pattes larges et coussinées.
- Sa longue trompe lui sert à respirer, sentir, arroser, déraciner des arbres, prendre sa nourriture et, bien sûr, se faire entendre!

L'ÉLÉPHANT
DE FORÊT D'AFRIQUE

Cet **éléphant** vit dans les forêts près de l'équateu en *Afrique centrale.*

LE RHINOCÉROS DE SUMATRA

Malgré ses *deux cornes pointues,* cet **énorme** mammifère est un *paisible* herbivore.

Durant les heures les plus chaudes de la journée, le rhinocéros de Sumatra se vautre dans l'eau boueuse pour combattre la chaleur.

MAMMIFÈRE

Espèce : *Dicerorhinus sumatrensis*

Poids moyen : 0,8 tonne

Taille moyenne : 2,4 à 3,2 m de long, plus la queue de 50 cm

Habitat : forêts pluviales tropicales d'Indonésie

Rhinos en danger

On compte moins de 400 rhinocéros de Sumatra dans le monde. Leur habitat a été réduit en raison des coupes effectuées dans les forêts pluviales.

MAMMIFÈRE

Espèce : *Felis pardalis*

Poids moyen d'un mâle adulte : 10 à 15 kilos

Taille moyenne d'un mâle adulte : 70 à 90 cm de long, sans la queue

Habitat : du sud du Texas à l'Argentine

Chasseur solitaire

L'ocelot vit généralement seul. La nuit, il chasse des proies comme les rongeurs, les lapins, les iguanes, les grenouilles et les petites tortues. C'est un excellent grimpeur, mais il préfère chasser au sol.

Ce félin *nocturne* reste caché dans le **sous-bois** de la forêt pluviale durant la *journée*.

ANATOMIE 101

• L'ocelot est considéré comme le félin ayant le plus beau pelage. C'est malheureux pour cet animal, qui a beaucoup été chassé pour sa fourrure.

L'OCELOT

LE JAGUAR

Ce félin robuste et *silencieux* **est un symbole de** *puissance* **en Amérique centrale et en** *Amérique du Sud.*

Bon nageur

La forêt tropicale peut être chaude et humide. Le jaguar se rafraîchit en nageant ou en errant dans un ruisseau. Le jaguar et le tigre sont les seuls grands félins du monde qui sont de bons nageurs. Quand il est dans l'eau, le jaguar en profite parfois pour attraper des poissons.

Terrain de chasse

La végétation dense de la forêt pluviale est un terrain de chasse idéal pour le jaguar. Il peut se cacher à la lisière de la forêt et attendre le passage d'une proie. Lorsqu'il tue un animal, il le traîne généralement au cœur de la forêt où il peut le dévorer en toute tranquillité.

MAMMIFÈRE

Espèce : *Panthera onca*

Poids moyen d'un mâle adulte : 100 à 160 kilos

Taille moyenne d'un mâle adulte : 1,7 à 2,7 m de long avec la queue

Habitat : Mexique, Amérique centrale et Amérique du sud

Alimentation : presque tout ce qu'il parvient à attraper, y compris les capybaras, les cerfs, les tatous et les singes

LE FER-DE-LANCE
À LUNETTES

Cette chauve-souris **nocturne** contribue à la **régénération** des zones de *forêt pluviale* détruites.

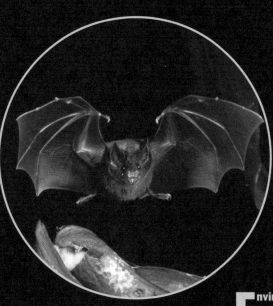

Environ une chauves-souris sur 500 de cette espèce a un pelage orangé!

MAMMIFÈRE

Espèce : *Carollia perspicillata*

Aussi appelé : chauve-souris frugifore

Poids moyen : 17 g

Taille moyenne : 5 à 6,5 cm

Habitat : Mexique, Bolivie, Paraguay, Brésil, îles des Caraïbes

Semeuse

Au coucher du soleil, cette chauve-souris frugivore à feuille nasale très pointue se met au travail. Elle vole dans le sous-bois à la recherche de fruits. Lorsqu'elle en trouve un, elle se pose dans un endroit sûr pour le manger, graines comprises. Puis elle fait une courte sieste et recommence, tout au long de la nuit.

En volant dans le sous-bois, le fer-de-lance à lunettes transporte du pollen sur son corps et pollinise les fleurs sur son trajet. Il évacue également les graines non digérées, qui tombent sur le sol et produisent de nouvelles plantes. Une seule chauve-souris peut « planter » jusqu'à 60 000 graines en une seule nuit!

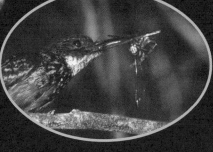

ANATOMIE 101

- Le jacamar est reconnaissable à son plumage vert luisant sur la partie supérieure de son corps, ainsi qu'à son long bec pointu.
- La taille du bec varie selon l'espèce.

OISEAU

Espèce : *Galbula ruficauda*

Poids moyen : 28 g

Taille moyenne : 23 cm, avec un bec de 5 cm

Habitat : Mexique, Équateur, Bolivie, Argentine, Colombie, Venezuela, Guyane, Brésil, Trinidad et Tobago

Des papillons pour déjeuner

Lorsque l'on aperçoit un papillon, c'est sa beauté qui nous frappe. Mais le jacamar, lui, voit un repas! Au passage d'un papillon, il se met en chasse et l'attrape avec son bec. Puis il retourne sur son perchoir et frappe le papillon contre une branche avant de l'engloutir.

Cet *oiseau* coloré se perche sur des **arbustes** du **sous-étage** de la forêt pluviale et chasse les *papillons* et les libellules.

LE JACAMAR
À QUEUE ROUSSE

Le toilettage est très important pour les chimpanzés. Ils passent souvent des heures à se retirer mutuellement des insectes et des brindilles de leur pelage.

Ce grand singe mange, **dort**, et *joue* dans les **arbres** de la canopée de la *la forêt pluviale*.

LE CHIMPANZÉ

Hé, toi!

Les chimpanzés communiquent de plusieurs façons entre eux. Ils grognent, crient et font des gestes avec leurs mains. Ils émettent aussi des ululements très bruyants. Chacun a son propre cri que reconnaissent ses congénères. Cet ululement peut être utilisé pour avertir les membres du groupe d'un danger ou de la découverte de nourriture.

Il nous ressemble beaucoup!

- Nous partageons plus de 98 % de notre ADN avec les chimpanzés, qui sont nos plus proches parents vivants. Voici quelques similitudes entre les chimpanzés et les êtres humains.

- Nous vivons en communauté. Les chimpanzés vivent dans des groupes sociaux qui peuvent comprendre plusieurs douzaines d'individus.

- Nous utilisons des outils. Pour recueillir de la nourriture ou de l'eau, les chimpanzés se servent de bâtons, de cailloux et de feuilles. Ils utilisent aussi des bâtons comme armes, qu'ils lancent à leurs ennemis.

- Nous sommes des omnivores. Les chimpanzés mangent surtout des fruits, des noix et des plantes, mais aussi des insectes et des œufs. Ils chassent parfois des animaux de taille moyenne.

MAMMIFÈRE

Espèce : *Pan troglodyte*

Poids moyen : 40 à 55 kilos (mâles); 27 à 50 kilos (femelles)

Taille moyenne : 1,2 m

Habitat : forêts pluviales tropicales, forêts de bambous, marécages et autres régions d'Afrique

Ce singe au *long nez* aime **vivre** près de *l'eau*, à l'écart des **établissements** humains.

Le nasique a une membrane entre les doigts qui l'aide à nager. Il peut nager sous l'eau mais c'est aussi un plongeur de haut vol : il saute dans l'eau à partir de la cime des arbres.

L'ancien et le nouveau

Les singes peuvent être divisés en deux groupes : ceux de l'ancien monde et ceux du nouveau monde. Les singes de l'ancien monde, comme le nasique, ont une queue épaisse pour mieux garder leur équilibre. Ceux du nouveau monde, comme les sapajous et les capucins, ont une queue préhensile, c'est-à-dire qui leur permet de saisir des objets.

ANATOMIE 101

- Ce singe s'appelle ainsi à cause de son nez long et souple.
- Son ventre est rebondi car il contient un gros estomac à plusieurs compartiments. Le nasique a une alimentation particulière, composée de fruits féculents, de feuilles et de graines. La nourriture demeure dans son estomac pour y fermenter un certain temps avant qu'il puisse la digérer.

MAMMIFÈRE

Espèce : *Nasalis larvatus*

Poids moyen : 15 à 22 kilos (mâles); 7 à 12 kilos (femelles)

Taille moyenne : 68 cm (mâles); 61 cm (femelles)

Habitat : mangroves et certaines forêts pluviales de Bornéo, une île d'Asie du Sud-Est

LE NASIQUE

LE SAPAJOU BRUN

Le sapajou est considéré comme le plus intelligent des singes.

Cet animal à l'esprit **curieux** vit dans les forêts pluviales *d'Amérique du Sud.*

MAMMIFÈRE

Espèce : *Cebus apella*

Aussi appelé : apelle, sapajou de Guyane, capucin brun

Poids moyen : 1,4 à 5 kilos

Taille moyenne : 96 cm, y compris la queue

Habitat : forêts à l'est de la cordillère des Andes, en Amérique du Sud

Prédateurs : serpents, jaguars, oiseaux de proie

ANATOMIE 101

- Sa queue préhensile lui sert de membre supplémentaire et l'aide à grimper aux arbres de la canopée.
- Il est pourvu de grandes mâchoires afin de manger de gros morceaux de fruits.

Chef de bande

Le sapajou brun vit en petits groupes de 8 à 15 individus. Chaque groupe est dirigé par un mâle dominant. Ce chef joue un rôle important. Il mène l'attaque lorsque le groupe est menacé par des prédateurs ou d'autres singes. Par contre, il a droit à certains avantages : s'il n'y a pas assez de nourriture pour tout le groupe, c'est lui qui mange le premier.

Pique-assiettes

Les saïmiris, ou singes écureuils, aiment vivre à proximité des sapajous bruns. Ces derniers les conduisent vers de nouvelles sources de nourriture, ce qui leur épargne l'effort d'en chercher eux-mêmes.

LE SINGE HURLEUR BRUN

Quel **est ce bruit? Ce pourrait bien être le cri** *impressionnant* **de ce singe!**

Quelle voix!

L'incroyable hurlement de ce singe se fait entendre à plus d'un kilomètre à la ronde! Un os dans son cou vibre pour amplifier le son. Les biologistes croient que ce hurlement est une façon pour le singe de marquer son territoire.

ANATOMIE 101

- Malgré son nom, ce singe peut avoir un pelage aux tons roux, jaunes et orangés.
- Sa queue préhensile lui permet de se suspendre aux arbres lorsqu'il mange.

MAMMIFÈRE

Espèce : *Alouatta guariba*

Aussi appelé : alouate, hurleur brun

Poids moyen : 5 à 8 kilos (mâles); 4 à 5 kilos (femelles)

Taille moyenne : 56 cm, plus la queue de 58 cm (mâles); 47 cm, plus la queue de 54 cm (femelles)

Habitat : forêts pluviales côtières du Brésil

Durant les heures les plus chaudes de la journée, le singe hurleur brun fait la sieste.

« Sur le faîte »

Ce singe passe la majeure partie de son temps au faîte des arbres, où il se nourrit de feuilles, de fleurs et de fruits.

MAMMIFÈRE

Espèce : *Macaca fascicularis*

Aussi appelé : macaque à longue queue, macaque de Java, macaque de Buffon

Poids moyen : 6 kilos (mâles); 4 kilos (femelles)

Taille moyenne : 55 cm (mâles); 45 cm (femelles)

Habitat : îles de l'Asie du Sud-Est et certains pays d'Asie

Alimentation : fruits, crabes, insectes, champignons, grenouilles, pieuvres, crevettes

Friand de fruits de mer

Lorsque ce macaque cherche de quoi manger dans les mangroves, il ramasse des crabes, des grenouilles, des crevettes et des pieuvres.

ANATOMIE 101

• Des abajoues, des poches à l'intérieur de ses joues, lui permettent d'emmagasiner des aliments qu'il mangera plus tard.

Sortie de secours

Le macaque crabier est un bon nageur. Il aime vivre dans les arbres qui surplombent les rivières. Si un prédateur attaque, il se jette à l'eau et nage jusqu'à un endroit sûr.

LE MACAQUE CRABIER

Ce singe qui *adore l'eau* se **régale** de fruits de mer.

LE COLIBRI
À GORGE RUBIS

Durant les mois les plus *chauds*, on peut voir cet **oiseau tropical** dans certaines régions *d'Amérique du Nord.*

Battements d'ailes

Un colibri à gorge rubis peut agiter les ailes à un rythme de 53 battements par seconde! Ce mouvement rapide produit le bourdonnement caractéristique des colibris.

ANATOMIE 101

• Cet oiseau doit son nom à la gorge rouge du mâle.

C e colibri aime aspirer le nectar des fleurs, surtout celui des fleurs rouges.

OISEAU

Espèce : *Archilocus colubris*
Poids moyen : 2 à 6 g
Taille moyenne : 7,5 à 10 cm
Habitat : Amérique du Nord et Amérique centrale
Prédateurs : chats et oiseaux comme la pie-grièche, le faucon et le geai bleu

Cet *oiseau* commun se **perche** sur les **branches** de la *canopée.*

LE TITYRE MASQUÉ

OISEAU

Espèce : *Tityra semifasciata*
Poids moyen : 88 g
Taille moyenne : 20 cm
Habitat : des forêts tropicales du Mexique à la Bolivie et au Brésil

ANATOMIE 101

• La coloration rouge autour de ses yeux et à la base de son bec donne l'impression qu'il porte un masque.

LE HOAZIN HUPPÉ

Cet habitant de la *forêt pluviale* ressemble à un poulet à la coiffure **punk!**

ANATOMIE 101

- L'estomac du hoazin huppé contient des bactéries qui décomposent lentement les feuilles qu'il consomme. Ces bactéries produisent une odeur désagréable ressemblant à celle du fumier, ce qui lui vaut parfois le surnom de « vache volante » ou « oiseau puant ».

OISEAU

Espèce : *Opisthocomus hoazin*

Poids moyen du mâle adulte : 815 g

Taille moyenne du mâle adulte : 60 à 66 cm

Habitat : marécages, mangroves, forêts inondées de basse terre et autres endroits d'Amérique du Sud

Alimentation : feuilles et pousses de plantes qui croissent dans les marécages

---

Cet oiseau au bec de *couleurs vives* ne passe pas inaperçu dans les forêts **pluviales** d'Amérique centrale et *d'Amérique du Sud.*

OISEAU

Espèce : *Ramphastos sulfuratus*

Aussi appelé : toucan à bec caréné

Poids moyen : 400 g

Taille moyenne : 66 cm, y compris son long bec

Habitat : Amérique centrale et Amérique du Sud, du sud du Mexique au nord de la Colombie

Alimentation : fruits, insectes, lézards, serpents

ANATOMIE 101

- Cet oiseau est réputé pour son gros bec coloré. Les biologistes ne savent pas vraiment pourquoi son bec est si volumineux. Il lui est utile pour cueillir et manger des fruits, et lui sert peut-être d'arme de défense.

Le toucan ne vole pas très bien et se déplace en sautant d'un arbre à l'autre.

LE TOUCAN À CARÈNE

Un trou dans un tronc

Le toucan vit dans des trous creusés dans des troncs d'arbres. Il occupe parfois des nids abandonnés par des pics. Il arrive souvent que plusieurs toucans essaient de s'entasser dans la même cavité. Pour y parvenir, chacun rabat sa queue par-dessus sa tête pour faire de la place aux autres.

LE TAMANDUA

Le tamandua peut manger jusqu'à 9 000 fourmis par jour!

ANATOMIE 101

- Sa queue préhensile lui permet de grimper facilement aux arbres.
- Son corps est couvert d'un pelage dense à poils rudes qui prévient les piqûres de fourmis.
- À l'intérieur de son long museau se trouve une langue épineuse de 40 cm de long. C'est un outil idéal pour extraire des fourmis d'une fourmilière.

MAMMIFÈRE

Espèce : *Tamandua tetradactyla* (sud); *Tamandua mexicana* (nord)

Poids moyen : 40 à 55 kilos (mâles); 27 à 50 kilos (femelles)

Taille moyenne : 55 à 88 cm de long, plus la queue de 45 cm

Habitat : forêts pluviales tropicales, savanes et autres régions s'étendant du Mexique à l'Amérique du Sud

Comme certains *oiseaux*, ce mammifère niche dans les troncs d'arbres.

ANATOMIE 101

- Ses pattes aux muscles puissants lui permettent de se suspendre aux branches des arbres.

Ce mammifère aux *grands yeux* quitte **rarement** la canopée de la *forêt pluviale.*

LE LORIS PYGMÉE

MAMMIFÈRE

Espèce : *Nycticebus pygmaeus*

Aussi appelé : loris paresseux pygmée

Poids moyen : 900 g

Taille moyenne : 15 à 25 cm

Habitat : forêts pluviales des îles et des pays d'Asie du Sud-Est, dont la Thaïlande, le Vietnam et la Chine

Alimentation : gros mollusques, oiseaux, petits mammifères, fruits, lézards, œufs, insectes comme les chenilles et les coléoptères

AMPHIBIEN

Espèce : *Agalychnis callidryas*

Aussi appelé : rainette aux yeux rouges, phylloméduse aux yeux rouges, rainette aux flancs bleus

Taille moyenne : 7,5 cm

Habitat : la plupart des pays d'Amérique centrale, en remontant jusqu'au Mexique

Alimentation : grillons, mouches, sauterelles, papillons nocturnes et parfois d'autres grenouilles

ANATOMIE 101

Les paupières de cette grenouille sont vertes. Lorsqu'elle dort durant la journée, ses yeux fermés se marient au reste de son corps, ce qui lui permet de se camoufler parmi les plantes et d'échapper à ses prédateurs. Si l'un d'eux approche, elle ouvre ses yeux rouges, surprenant le prédateur, ce qui lui donne quelques secondes pour s'échapper!

Elle peut adhérer au dessous des feuilles grâce aux ventouses sous ses pattes.

LA GRENOUILLE AUX YEUX ROUGES

Il n'est pas difficile de *deviner* d'où ce **batricien** tire son nom!

Les mâchoires de ce serpent sont attachées par des ligaments extensibles, un peu comme des élastiques. Cela lui permet d'ouvrir la gueule assez grand pour avaler une proie entière!

Étouffant!

Dans l'eau, l'anaconda saisit sa proie avec ses mâchoires, puis enroule son long corps autour d'elle pour l'étouffer. Sur la terre, il se suspend aux arbres, puis se laisse tomber sur une proie, qu'il enserre jusqu'à ce que mort s'ensuive.

L'ANACONDA VERT

Ce *géant vert* attaque et **mange** à peu près tout ce qu'il peut faire entrer dans sa *gueule*.

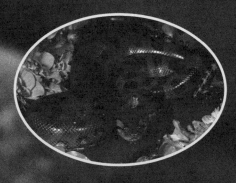

ANATOMIE 101

- L'anaconda vert aime manger des animaux qui vivent dans l'eau. Ses yeux et ses narines sont placés sur le dessus de sa tête, ce qui lui permet de respirer, d'observer et d'attendre sa proie tout en dissimulant son corps sous l'eau.

- Le python peut être plus grand que l'anaconda vert, mais ce dernier est beaucoup plus lourd : son poids avoisine les 150 kilos! Voilà pourquoi il détient le titre de plus gros serpent du monde.

- En moyenne, l'anaconda atteint 6 m de longueur, mais certains peuvent mesurer jusqu'à 8,8 m!

REPTILE

Espèce : *Eunectes murinus*

Aussi appelé : grand anaconda

Poids moyen : 150 kilos

Taille moyenne : 6 m

Habitat : forêts pluviales tropicales, marais, marécages et ruisseaux d'Amérique du Sud

LA HARPIE FÉROCE

Peu de **gens** ont eu l'occasion d'observer ce *bel* oiseau de proie dans la **nature.**

Entre ciel et terre

La harpie féroce construit son nid au sommet des majestueux kapoquiers, à une hauteur pouvant atteindre 43 mètres au-dessus du sol. Le nid, fait de brindilles et de branches, est tapissé de plantes vertes et de fourrure. Chaque nid a une largeur d'environ 1,5 mètre.

OISEAU

Espèce : *Harpia harpyja*

Aussi appelé : aigle harpie

Poids moyen : 4 à 5,5 kilos (mâles); 6,5 à 9 kilos (femelles)

Envergure : jusqu'à 2 m

Taille moyenne : 90 cm à 1 m

Habitat : forêts pluviales d'Amérique centrale et d'Amérique du Sud, du Mexique au nord de l'Argentine

À la chasse

Même si son nid se trouve dans la couche supérieure de la forêt pluviale, la harpie féroce ménage son énergie en chassant dans la canopée. Elle s'y perche pour attendre sa proie, puis fonce sur elle. Les proies plus petites, comme les iguanes, sont rapportées au faîte des arbres pour y être dévorées. Comme la harpie féroce ne peut transporter que la moitié de son poids, elle traîne les proies les plus lourdes vers une souche ou une branche basse et les mange jusqu'à ce que leur carcasse soit assez légère pour être transportée.

ANATOMIE 101

• La harpie féroce peut atteindre une taille de 1 m, avec une envergure de 2 m!

• Lorsqu'elle chasse, elle descend en piqué sur sa proie et la saisit de ses serres acérées longues d'environ 13 cm.

L'ORNITHOPTÈRE

INSECTE

Espèce : *Ornithoptera priamus*

Aussi appelé : papillon aux ailes d'oiseau

Envergure : environ 18 cm; celle des femelles peut atteindre 20 cm

Habitat : Australie

Alimentation : nectar des fleurs

ANATOMIE 101

• Comme tous les papillons, l'ornithoptère aspire le nectar des fleurs à l'aide de sa longue trompe.

Attention : poison!

La chenille de ce papillon mange des feuilles de plantes vénéneuses dans la forêt. Les épines rouge orangé de son dos avertissent les oiseaux qu'il s'agit d'une proie toxique!

Voici le *plus* grand papillon d'Australie.

L'incroyable *couleur* de cet insecte contribue à le **protéger** de ses *prédateurs.*

Éblouissant!

Lorsque le morpho bleu agite les ailes, la couleur bleue métallique contraste avec le brun terne, créant un scintillement bleuté déconcertant pour les prédateurs. Cela donne l'impression que le papillon apparaît et disparaît dans les airs.

ANATOMIE 101

• Le dessus des ailes de ce papillon n'a pas vraiment une pigmentation bleue. Les écailles sont parcourues de nervures qui reflètent la lumière bleue.

• La face inférieure des ailes est brune avec des teintes de gris, de noir et de rouge. Lorsque le papillon dort la nuit, il replie ses ailes et se confond avec le feuillage qui l'entoure.

LE MORPHO BLEU

INSECTE

Espèce : *Morpho menelaus*

Envergure : 15 cm

Habitat : forêts pluviales tropicales du Mexique à la Colombie

Alimentation : jus de fruits en décomposition

LE GRETA OTO

t incroyable *papillon* a des **ailes** transparentes!

INSECTE

Espèce : *Greta oto*

Aussi appelé : papillon aux ailes de verre, papillon transparent

Envergure : 5,5 à 5,8 cm

Habitat : Amérique centrale

Certaines espèces de papillons transparents se nourrissent du nectar de plantes vénéneuses. Cela ne leur fait aucun mal, mais empêche les prédateurs de les manger!

LE PAPILLON CHOUETTE

Ce grand *papillon* est facile à **repérer** dans les **forêts pluviales** d'Amérique centrale et *d'Amérique de Sud.*

ANATOMIE 101

• Sur la face supérieure de chacune des ailes se trouve un ocelle, une grande tache jaune qui ressemble à un œil de chouette. Selon certains entomologistes, les prédateurs croiraient, en voyant ces taches, que le papillon est une espèce de grenouille venimeuse à laquelle il vaut mieux ne pas toucher.

INSECTE

Espèce : *Caligo memnon*

Aussi appelé : papillon hibou, caligo

Envergure : 15 à 20 cm

Habitat : Amérique centrale et Amérique du Sud, du Mexique au bassin amazonien

L'AIGLE DES SINGES

Malgré son nom, cet aigle a comme proie de prédilection le galéopithèque, aussi appelé colugo.

Ce *rapace*, qui est le deuxième parmi les plus grands aigles du **monde**, est aussi appelé *aigle des Philippines*.

OISEAU

Espèce : *Pithecophaga jefferyi*

Aussi appelé : aigle des Philippines, aigle mangeur de singes des Philippines

Poids moyen : 7,7 kilos

Envergure : environ 2 m

Taille moyenne : 73 cm à 1 m

Habitat : îles des Philippines

Menacé

L'aigle des singes vit uniquement aux Philippines. Il est l'emblème national de ce pays. Cette espèce est de plus en plus menacée en raison de la perte de son habitat due aux coupes forestières. Aujourd'hui, il reste moins de 400 aigles des singes dans la nature.

LE GRAND-DUC DU NÉPAL

Ce grand-duc *chasse* ses proies dans les **forêts pluviales** de *l'Asie* du Sud-Est.

ANATOMIE 101

• Durant la journée, le grand-duc demeure caché dans le feuillage des arbres. Il sort la nuit pour chasser grâce à son excellente vision nocturne.

ANATOMIE 101

• Son envergure, plus courte que celle des autres espèces d'aigles, lui permet de se déplacer entre les arbres de la forêt pluviale.

OISEAU

Espèce : *Bubo nipalensis*

Aussi appelé : hibou grand-duc du Népal

Habitat : Asie du Sud-Est

Danseur de charme

Chez certaines espèces de paradisiers, le mâle exécute une sorte de danse pour attirer une femelle. Le paradisier de Raggi commence sa parade nuptiale par des mouvements de base : il sautille d'une patte sur l'autre, bat des ailes et secoue les plumes orangées de sa queue. Cette parade atteint son point culminant lorsqu'il saute sur une branche d'arbre pour faire gonfler sa cape de plumes.

OISEAU

Espèce : *Paradisaea raggiana*
Envergure : 33 à 35 cm
Habitat : Est de la Nouvelle-Guinée

ANATOMIE 101

• Les habitants de la Papouasie-Nouvelle-Guinée utilisent les plumes de cet oiseau pour décorer leurs costumes traditionnels.
• Les plumes à rayures jaunes sur le cou du mâle sont en forme d'éventail ou de cape.

Cet oiseau se nourrit des fleurs qui poussent au sommet des arbres de la forêt pluviale.

LE PARADISIER DE RAGGI

LE PARADISIER BLEU

Ce *magnifique oiseau* de **Papouasie-Nouvelle-Guinée** a une aire de répartition très limitée.

On compte plus de 30 espèces de paradisiers dans les forêts pluviales d'Indonésie, de Papouasie-Nouvelle-Guinée et d'Australie.

Des oiseaux légendaires

En 1522, des explorateurs ont rapporté des plumes de ces oiseaux en Espagne pour les offrir au roi. Le peuple espagnol trouvait qu'elles étaient trop belles pour provenir d'oiseaux vivant dans des forêts. Elles devaient sûrement provenir du paradis!... d'où le nom de ces oiseaux.

OISEAU

Espèce : *Paradisaea rudolphi*

Envergure : 30 cm

Habitat : Sud-est de la Nouvelle-Guinée

Glossaire

amphibien : animal vertébré à sang froid qui vit sur terre ou dans l'eau

caduc : feuillage qui se détache annuellement

canopée : zone de la forêt qui correspond à la cime des grands arbres et forme une voûte au-dessus des autres couches

carnivore : qui se nourrit de chair animale

forêt pluviale ou ombrophile : forêt chaude et humide, peuplée de millions de plantes et d'animaux et recevant plus de 1,8 m de pluie par an

habitat : milieu où vit un animal ou une plante

herbivore : qui se nourrit seulement de végétaux

mammifère : animal vertébré à sang chaud et à la peau généralement couverte de poils, dont les femelles allaitent leurs petits

omnivore : qui se nourrit d'aliments d'origine végétale ou animale

prédateur : animal qui chasse d'autres animaux pour se nourrir

préhensile : organe qui peut prendre, saisir des objets comme une main peut le faire

proie : animal qui se fait chasser par un prédateur

reptile : animal vertébré à sang froid qui vit sur la terre ferme

sous-étage : partie de la forêt pluviale située sous la canopée, composée de plantes et d'arbustes

territoire : zone qu'un groupe d'animaux ou de gens s'approprie pour y vivre